Hot Dog
Ein Mops auf heißer Spur

Christian Gailus lebt als freier Autor in Bonn. Er schreibt Bücher und Hörspiele für Kinder und Erwachsene. Er hat zwei Kinder und keinen Hund (leider). Dafür hat er eine blühende Fantasie – und mit der denkt er sich die verrücktesten Abenteuer aus, zum Beispiel die um Super-Schnüffler Walter Wuffman.

Daniel Steudtner wurde 1979 in Görlitz geboren. Aufgewachsen ist er aber im schönen Oberbergischen Land. Dort lebt er auch heute mit seiner Frau, seinem Sohn und seinem Hund. Schon als Kind verstand er es, mit Stift und Farbe die Tapeten seiner Eltern zu verschönern. Mittlerweile illustriert er in seiner Freizeit Kinder- und Jugendbücher.

Mehr über unsere Bücher, Autor:innen und Illustrator:innen unter:
www.thienemann.de

Christian Gailus

HOT DOG

Ein Mops auf heißer Spur

Mit Illustrationen von
Daniel Steudtner

PLANET!

Für Kai Frohner,
ohne den Walt nie
das Licht der Welt
erblickt hätte.

Wuff!

Mein Name ist **Walter Wuffman der Dritte**. Ich bin Privatschnüffler und ein Mops – was eine coole Mischung ist, denn wegen meiner Größe werde ich oft unterschätzt. Aber das merken die Schurken meist erst, **wenn es zu spät ist**. Und Schurken gibt es genug in Dog City. Denn, wie meine Oma zu sagen pflegt: *Wo Licht ist, ist auch Schatten. Und wo Geld ist, rottet sich das Verbrechen zusammen wie ein Sack Flöhe.*

Mein Vater wollte, dass ich Anwalt werde und meine Knochen mit dem Eintreiben von Hundesteuer verdiene. Aber ich wollte mein Leben nicht in einem kleinen, muffigen Büro verbringen. **Ich wollte raus, was erleben**, mir das Fell am Baum des Lebens kratzen und die Ohren im Wind schlackern lassen. Frisbee-Trainer am Strand von Maliwuff: Das wär's gewesen! Leider waren dafür meine Beine zu kurz. Und auch sonst hatte ich als Mops keine guten Voraussetzungen, mich zwischen all den großen durchtrainierten Kötern zu behaupten. Schließlich bin ich klein, dick und sabbere wie ein defekter Wasseranschluss.

Deshalb wurde ich **Privatschnüffler**. Und ein ziemlich guter dazu.

KAPITEL 1

Der Fall um **den entführten Professor** fing ganz harmlos an. Wie üblich lümmelte ich in meinem Büro-Korb herum und dachte daran, was meine Oma immer sagt: *Die Welt ist voller Gauner. Und die schlimmsten Gauner tragen Samtfell.* Da spaziert plötzlich diese Lady in meine Hütte und macht es sich auf dem Flokati bequem. **Ungefragt!** Ein Pudel ohne Manieren. Aber mit viel Kohle. Das roch ich zehn Meilen gegen den Wind.

»Wie kann ich Ihnen helfen?«, fragte ich so lässig wie möglich.

»Mein **Diamant-Halsband** wurde gestoh-

len«, erwiderte Miss Pudel. »Der Diamant ist ein Erinnerungsstück. Ich will ihn unbedingt wiederhaben! Tun Sie, was Sie können. **Geld spielt keine Rolle!**«

Sie schob mir ein Foto rüber und mein geschulter Blick sagte mir, dass allein das Halsband einen Tausender wert sein musste. Vom Diamanten ganz zu schweigen.

»Wann wurde es gestohlen?«

»Gestern Abend während der Verleihung der *Goldenen Spürnase* an Professor Pinscher.«

Ich hatte davon in der Zeitung gelesen. Wofür der Professor den Preis bekommen hatte, war mir allerdings entfallen.

»Ein ganz schön **wertvolles Schmuckstück**, sehr passend zu einem solchen Anlass«, merkte ich an.

Miss Pudels Blick verdüsterte sich. »Man sagte mir, Sie wären der beste Privatschnüffler von ganz Animalia, Mister Wuffman. Zuhören scheint allerdings nicht Ihre Stärke zu sein. Ich sagte, dass mir das Halsband gestohlen wurde, *während* ich bei der Preisverleihung war. Nicht, dass ich es auch getragen habe.« Sie lehnte sich zurück und warf mir diesen **Von-oben-herab-Blick** zu, bei dem es mich immer schüttelte. »Das Halsband lag im Tresor. Als ich nach Hause kam, stand er offen. Es gibt keine Anzeichen dafür, dass er aufgebrochen wurde. Stattdessen fand ich das hier auf dem Fußboden.«

Sie zog ein merkwürdiges Ding hervor, das ich von meinem letzten Arztbesuch kannte.

»Ein Stethoskop«, murmelte ich. »Wer damit **einen Tresor** aufbekommt, muss verdammt gute Lauscher haben.«

Ich wusste, dass dafür nicht viele Hunde infrage kamen. Und die meisten von ihnen saßen hinter Schloss und Riegel.

»Nehmen Sie den Fall an?«, fragte Miss Pudel hoffnungsvoll.

»Ich bekomme zwei Dosen Schlappi am Tag«, forderte ich etwas großzügiger als normal. »Und 'nen Knochen für die Spesen.«

Wo Geld wächst, soll man mähen. Auch ein weiser Spruch von Oma.

Miss Pudel lehnte sich zu mir rüber und in ihren Augen loderten die **Flammen der Leidenschaft**. »Finden Sie den Diamanten, Mister

Wuffman. Und Sie bekommen, was immer Sie verlangen.«

Wer konnte dazu schon NEIN sagen?

Also wischte ich mir den Sabber vom Maul und legte los.

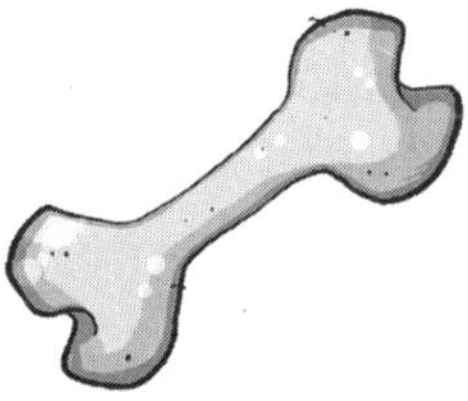

KAPITEL 2

Für gewöhnlich führte mich mein erster Weg zu Mad Dog, einer schrägen Mischung aus Dackel und Dogge – irre großer Typ mit winzigem Kopf. Er hatte 'ne kleine Bude, unten in der Bark Street. Offiziell verkaufte er Dosenfleisch, Multivitamin-Drops und Bio-Snacks. **Aber unter der Pfote** bekam man bei ihm auch all die coolen Leckerlis: Hundekuchen, Dörrfleisch und Schweineohren. In seinem *Schnapp & Schluck* hatte ich schon so manche Kröte gelassen.

Mad Dog war zwar ein bisschen verrückt, besaß dafür aber **einen untrüglichen Riecher**. Ich hatte ihm mal den Hintern gerettet, als er

Ärger mit Benny Bulldog hatte. Seitdem versorgte mich Mad Dog mit allem, was ich brauchte. Und ganz besonders **mit Informationen**.

»Was wird denn so gemunkelt?«, fragte ich und warf einen Blick auf seine Auslage.

»Da geht was vor in **Dog City**«, erwiderte Mad Dog geheimnisvoll. »Irgendwas Großes. Übles.«

»Geht das auch 'n bisschen genauer?«

Mad Dog blickte sich nervös um. Dann flüsterte er: »**Vince Wauwau** ist wieder in der Stadt. Da fragt man sich doch: wieso?«

Wauwau war ein Windhund mit zahllosen Gaunereien auf dem Kerbholz. Er hatte ein paar Jahre in Santa Wu eingesessen, dem größten Hundegefängnis von Dog City. Nach seiner Entlassung war er untergetaucht und man munkelte, dass er sich einem Wolfsrudel irgendwo im Norden angeschlossen haben soll. Dass er zurückgekommen war, verhieß nichts Gutes.

»**Wo finde ich ihn?**«, fragte ich Mad Dog.

Statt zu antworten, reichte er mir ein Gummihuhn. Und ich verstand den Wink auch ohne Worte.

Der *Hühnerstall* war ein Laden in Jaulston, einer ziemlich üblen Gegend im Westen der Stadt. Hier trafen sich **die Underdogs** zum Spielen und Wetten. Und einer der beliebtesten Zeitvertreibe hieß *Hennen-Rennen*, bei dem zwei Hennen zum Wettrennen gegeneinander antraten – mit verbundenen Augen!

Als ich den schmutzigen Hinterhof mit den zwei Dutzend Kötern erreichte, stand das Rennen kurz bevor. Ich machte einen Abstecher beim Wettstand, kaufte mir 'n Hotdog und stellte mich dann an die Strecke. Das Rennen begann und die Hühner stürzten kopflos durcheinander, angefeuert von den Kläffern links und rechts.

Aber mich interessierte vor allem **der Typ auf der gegenüberliegenden Seite**, der das *Hennen-Rennen* mit nervösen Pfoten verfolgte. Ich verputzte den Hotdog, erledigte ein Telefonat und schlenderte dann zu ihm rüber.

»Hi, Vince«, begrüßte ich ihn.

»Walter«, gab er überrascht zurück. »Was machste hier in Jaulston?«

»Die Frage ist eher, was machst *du* in Dog City?«

Vince fuhr sich nervös mit der Zunge über die Schnauze. »Ich? Äh, Urlaub.«

»**Urlaub? Ohne Moneten?** Oder hast du im Gefängnis 'ne reiche Pudeldame kennengelernt, die dir ihr Vermögen vermacht hat?« Die Anspielung auf meine Auftraggeberin war natürlich nicht zufällig – ich wollte sehen, wie Vince reagierte. Außerdem hatte ich kurz zuvor am Wettstand **eine interessante Information** erhalten.

»Ich hab 'n bisschen was auf die hohe Kante gelegt«, erwiderte Vince. »Schon vor meinem Aufenthalt in Santa Wu. Ist das vielleicht **verboten?**«

»Nein. Aber verboten ist es, mit 'nem Stethoskop in die Hütte von 'ner Pudeldame einzusteigen und den Tresor auszuräumen. Ich kenne nicht viele, die so gute Lauscher haben, dass sie das hinkriegen. Du gehörst auf jeden Fall dazu. Und das gibt mir zu denken, Vince. Genauso wie die Tatsache, dass du ein Halsband als **Einsatz beim Wettstand** abgegeben hast.« Ich zog es aus dem Fell und ließ es vor seiner Schnauze baumeln.

Im selben Augenblick heulten **POLIZEI-SIRENEN** auf.

»Die Cop Dogs!«, rief jemand. »Alle weg!«

Die Köter gerieten in Aufruhr. Ich wurde angerempelt und verlor für einen Moment den Überblick.

Vince nutzte die Gelegenheit, schnappte mir das Halsband aus der Pfote und haute ab.

»**Stehen bleiben!**«, brüllte ich, was ein bisschen witzlos war, denn als Windhund gehörte Vince zu den schnellsten Sprintern der Welt. Ein Mops hingegen nicht.

Dafür konnte ich ziemlich gut werfen. Ich packte Mad Dogs **Gummihuhn** am Hals, drehte mich ein paarmal um die eigene Achse und schleuderte es dem Flüchtenden hinterher. Der Flattermann traf Vince am Hinterkopf, er verlor kurzzeitig die Orientierung und rannte in vollem Lauf gegen eine Wand.

Wenig später nahmen ihn **die Polizei-Dogs** fest. Die hatte *ich* alarmiert, nachdem ich meinen Hotdog verputzt hatte.

Später im Präsidium versuchte ich noch einmal, Vince zum Sprechen zu bringen. Aber er **schwieg wie ein Grab**.

Als ich gehen wollte, rief mich Polizeichef Bark, ein Neufundländer mit den Ausmaßen eines jungen Stiers, in sein Büro.

»Wissen Sie etwas, das ich auch wissen sollte?«, fragte er mich geradeheraus.

Ich zuckte mit den Achseln. »Ich weiß nur, dass *Hennen-Rennen* verboten sind. Deshalb habe ich die Polizei gerufen.«

Bark musterte mich. »Wenn ich rauskriege, dass Sie mich anlügen, Wuffman, sind Sie Ihre Lizenz los. Das ist Ihnen ja wohl klar.«

»So klar wie **ein Napf voll Entenwein**«, gab ich unschuldig zurück und verabschiedete mich.

Es wurmte mich ein wenig, dass ich Bark nicht die Wahrheit sagen konnte. Aber wenn rauskam, dass ich gemeinsame Sache mit der Polizei machte, würde sich niemand mehr mit mir abgeben. Und das wäre noch viel schlimmer, als die Privatdetektiv-Lizenz zu verlieren.

Schließlich wusste ich jetzt sicher, dass Mad Dog recht hatte: **In Dog City ging was vor sich.** Anders war nicht zu erklären, dass Vince Wauwau zwar das Halsband beim *Hennen-Rennen* als Einsatz gesetzt hatte – aber ohne Diamant.

Miss Pudel war nicht sehr erfreut, dass ausgerechnet **ihr funkelnder Freund** verschwunden blieb. Aber mehr konnte ich im Augenblick nicht tun. Ich ahnte zwar, dass Vince das Halsband im Auftrag eines anderen gestohlen hatte. Und der hatte nur Interesse am Diamanten gehabt. Aber wer der große Unbekannte sein könnte: **Ich hatte keinen blassen Schimmer.**

Auch die Polizei schien im Dunkeln zu tappen, sonst hätte Polizeichef Bark nicht zu Drohungen gegriffen, um mir Informationen zu entlocken.

Und selbst Mad Dog wusste vermutlich nicht mehr. Es war, als würde die Temperatur in Dog City ganz allmählich steigen. **Alle begannen zu schwitzen**, aber keiner wusste warum.

KAPITEL 3

»**Juhu, Mister Wuffman**, ich bin wieder da!«

Als Chantal am nächsten Tag ihre Samtpfoten in meine bescheidene Hütte setzte, wusste ich, dass es mit der Beschaulichkeit vorbei war. Chantal war meine Sekretärin und wir hatten beide gerade drei Wochen Urlaub hinter uns: sie vom Job, ich von ihr.

Nicht dass ich Chantal nicht gernhätte, ganz

im Gegenteil: Sie war eine große Hilfe und erledigte den ganzen lästigen Bürokram, sodass ich mich voll und ganz auf die **Lösung meiner Fälle** konzentrieren konnte.

Aber aus irgendeinem Grund glaubte sie, mich auch noch bemuttern zu müssen, und hing mir ständig in den Ohren, ich solle weniger Hering-Chips futtern und mehr Sport treiben. Das konnte ganz schön nerven.

»**Und?**«, fragte ich deshalb mit einem lachenden und einem weinenden Auge. »Wie war Bellowood?«

Chantal hatte ihren Urlaub nämlich in der berühmten Filmstadt im Nordwesten von Animalia verbracht – und wohl auch ein bisschen gehofft, von einem Produzenten entdeckt zu werden und als **Filmstar** ganz groß rauszukommen. Dass sie nun zurück in die Detektei eines Mops geschlichen kam, hieß wohl, dass es mit der Leinwandkarriere nicht geklappt hatte.

»Bellowood ist ja so was von **hutschikutschi**«, winkte Chantal ab. »Alle sind schön und reich. Und so laut! Sie reden laut, lachen laut und sehen sich dauernd um, ob sie jemand beobachtet. Schreckliche Leute!«

Sie war enttäuscht, ich sah's ihr an.

Aber sie hätte es besser wissen können: Denn nur die wenigsten schafften es, Stars in Bellowood zu werden. Und Katzen hatten es besonders schwer. Sie galten als **eigenwillig und kompliziert**. Das waren natürlich Vorurteile, aber diese hielten sich beharrlich.

»Hab ich was verpasst?«, schnurrte sie.

»Einer Pudel-Lady wurde das Halsband gestohlen. Und es sind eingelaufen Rechnungen gekommen, die ich natürlich alle nicht geöffnet habe.«

Chantal warf mir einen vorwurfsvollen Blick zu. »Ich kümmere mich darum, Boss. Genauso wie um einen neuen **Trainingsplan**.« Sie beäugte mich kritisch. »Sie haben etwas zugenommen …« Und verstummte abrupt.

»**Äh, ja?** Ist mir gar nicht aufgefallen.« Ich sah an mir herunter.

»Was für ein niedlicher, kleiner Wauwau«, säuselte Chantal plötzlich, als hätte sie Schokolade genascht. »Dieses Schnäuzchen. Und diese Öhrchen. Wie putzig ist das denn?«

»**ÄH, WAS?**«, fragte ich verwundert. Erst sagte sie, ich sei zu dick. Dann lobte sie meine Schnauze und meine Ohren? Hatte ich irgendwas verpasst?

»Möchtest du ein Glas Milch, Schätzchen? Oder soll ich dir das Fell massieren?«

Mir wurde ganz anders. »Äh, Chantal, ich weiß nicht, ob es eine gute Idee ist, wenn Sie und ich …« Erst da bemerkte ich, dass sie gar nicht mich meinte, sondern an mir vorbeiblickte. Ich fuhr herum.

In der Tür hockte **ein kleiner**

Cockerspaniel, auf dem Rücken sein Schulzeug, um den Hals die Pausenbox. Er hielt den Kopf ein wenig schief und hatte einen Blick, der Steine in flüssige Lava hätte verwandeln können.

»**Wer bist du?**«, fragte ich. »Und was willst du hier?«

»Mein Name ist Goodboy«, antwortete der Spaniel mit brüchiger Stimme. »Und ich möchte zu Mister Wuffman.«

Ich wechselte einen erstaunten Blick mit Chantal. Dann seufzte ich und sagte: »Na, dann komm mal mit.«

In meinem Büro bot ich Goodboy einen Korb an. Dankbar kuschelte er sich hinein. Der kleine Spaniel war höchstens ein paar Monate alt. Was konnte so eine halbe Portion von einem **Privatdetektiv** wie mir wollen?

»Musst du um diese Zeit nicht in der Welpenschule sein?«, fragte ich.

Goodboy nickte traurig. »Eigentlich ja. Aber als ich aufwachte, war mein Papa verschwunden.« Ein Tränchen rann ihm übers Fell.

»Und deine Mama?«

»Ist mit einem Zirkushund durchgebrannt, als ich noch ganz klein war.« Er legte erneut den Kopf schief und sah mich mit seinen braunen Kulleraugen an. »**Bitte helfen Sie mir**, Mister Wuffman. Ich gebe Ihnen auch alles, was ich habe.« Er kramte ein paar Münzen aus seinem Fell und legte sie auf den Teppich. Vermutlich hart erspartes Taschengeld. Es brach mir das Herz.

Eigentlich hätte ich Goodboy zur Polizei bringen müssen. Aber ich bin auch nur ein Mops.

»Wie heißt denn dein Papa?«, fragte ich stattdessen.

»**Geronimo Pinscher**«, antwortete Goodboy und der Fall nahm schlagartig eine neue Wendung. Denn Pinscher war Professor an der Universität von Dog City. Und ein berühmter noch dazu! Erst gestern hatte er die *Goldene Spürnase* verliehen bekommen. Miss Pudel war bei der Verleihung gewesen.

Moment mal, gab es da etwa einen Zusammenhang zwischen dem gestohlenen Diamanten und dem Verschwinden von Professor Pinscher? Oder war das bloß Zufall?

Meine Schnauze begann zu jucken. **Da war was im Busch!**

Ich beschloss, die Polizei von Dog City und Polizeichef Bark erst einmal außen vor zu lassen und **ein paar Erkundigungen** einzuholen, während Chantal sich um Goodboy kümmern wollte. Also wischte ich mir den Sabber vom Maul und machte mich erneut auf den Weg zu Mad Dog.

»Pinscher soll 'ne Erfindung gemacht haben«, raunte er mir mit heiserer Stimme zu. »Irgendwas mit 'nem **neuartigen Raketenantrieb**. Nannte ihn den *Großen Heuler* oder so. Das scheint 'n paar Leute mächtig nervös zu machen. Es wird schon länger gemunkelt, dass Pinscher auf gefährlicher Pfote lebt.«

»**Hast du auch Namen für mich?**« Ich schob meinem Informanten einen Schein rüber, den er rasch in seinem Fell verschwinden ließ.

»Big Wolf«, flüsterte er. »Pinscher soll Ärger mit ihm gehabt haben. Keine Ahnung, worum es dabei ging. Wolf betreibt 'ne Flughund-Anlage, drüben in Bell Air. Pinscher hat da öfter seine Freizeit verbracht.«

Ich kannte Wolf vom Hörensagen. **Ein windiger Kerl mit langen Ohren und fiesem**

Grinsen. Er machte einen auf Geschäftshund, kaufte hier und da Hütten und spielte den großen Gönner. Er hatte der Stadt zuletzt die Restaurierung des Glockenturms auf dem Marktplatz von Dog City spendiert, den er mit großem Tamtam von seiner eigenen Firma instandsetzen ließ.

Die Verbindung zu Pinscher war vage. Aber besser als nichts. Also machte ich mich auf den Weg nach Bell Air und funkte unterwegs noch meinen alten Kumpel Terry R. an. Irgendwie hatte ich **ein komisches Gefühl bei der Sache**. Und wollte lieber vorbereitet sein.

KAPITEL 4

Bell Air lag auf einem Hügel, der sich gut zweihundert Meter über Dog City erhob. **Es war ein begehrtes Plätzchen** zum Wohnen, besonders wegen der guten Luft. Denn seit Dog City immer schneller wuchs und sich immer mehr Verkehr durch die Straßen der Stadt wälzte, hatte die Luftqualität stark abgenommen. Wer es sich leisten konnte, zog in höhere Regionen wie Bell Air.

Ich sauste die kurvenreiche Straße hoch zu Big Wolfs Anlage. Von dort aus hatte man **einen sagenhaften Blick** auf Dog City.

Und es wäre sicher ein großer Spaß, sich vom

Katapult der Flughund-Anlage in hohem Bogen Richtung Stadt schießen zu lassen, um dann mit einem Fallschirm sanft zu Boden zu gleiten. Aber ich war ja nicht zum Vergnügen hier.

»**Die Anlage ist geschlossen!**«, rief mir eine Dogge zu, als ich meinen Wagen auf dem Parkplatz abstellte.

»Ich will nicht fliegen«, erwiderte ich und ahnte, mit wem ich es zu tun hatte. **»Ich suche Big Wolf.«**

»Das bin ich.« Die Dogge kam mir mit langen Schritten entgegen. »Und wer sind Sie?«

Statt zu antworten, reichte ich Wolf meine Karte.

»Walter Wuffman«, murmelte er. »Hab schon viel von Ihnen gehört. Sie scheinen ja **'ne große Nummer in Dog City** zu sein. Und das bei einer recht … überschaubaren Körpergröße.« Er sah von oben auf mich herab. Was nicht schwer ist, wenn man dreimal so groß ist wie sein Gegenüber.

»Sagt Ihnen der Name Pinscher etwas?«, fragte ich ihn geradeheraus.

»Sie meinen den Wissenschaftler? Hat der nicht 'ne Rakete erfunden?«

»Das klingt fast so, als würden Sie ihn kaum kennen. Dabei wurde mir geflüstert, dass er öfter hier gewesen sein und sich **als Flughund** geübt haben soll.«

»Hat er auch«, gab Wolf zu. »Aber seit ein paar Monaten hab ich ihn nicht mehr gesehen. Tja, da haben Sie sich die Mühe wohl umsonst gemacht.« Er grinste blöd.

Es war Zeit, **die Daumenschrauben anzuziehen**.

»Ein Vögelchen hat mir gezwitschert, dass Sie die Anlage ein bisschen aufgetakelt haben. Ohne Zustimmung der Wau-Aufsicht. Vielleicht sollte ich mich mit denen mal ein bisschen unterhalten.«

Wolf musterte mich und versuchte abzuchecken, ob ich wirklich so viel wusste, wie ich vorgab. **Was nicht der Fall war.** Also schwindelte ich und hoffte, Wolf würde darauf reinfallen.

»Mit meiner Anlage ist alles Ordnung«, sagte er und legte seine Pfote auf meine Schulter. »Sie können sich selbst davon überzeugen, Mister

Wuffman.« In seinen Augen begann es gefährlich zu funkeln. »Ich spendiere Ihnen einen Freiflug.« Und ich wusste, dass ich mich verzockt hatte. **»Ohne Fallschirm.«**

»Leider muss ich jetzt gehen«, versuchte ich mich rauszureden. Aber als ich mich umdrehte, versperrten mir zwei grimmig dreinblickende Schäferhunde den Weg.

»Ich bestehe darauf!«, knurrte Wolf und fletschte die Zähne. »Nehmen Sie Platz!«

Fieberhaft legte ich mir einen Plan zurecht, wie ich das Trio ausschalten konnte. Als Erstes ein Salto rückwärts, bei dem ich Wolf mit den Hinterpfoten eine verpasste. Den Schwung ausnutzend würde ich **mit einem Spagat-Sprung** die Schäferhunde ins Reich der Träume schicken. Darauf einen Flickflack vorwärts und mit einer raschen Links-rechts-Kombination Wolf den Rest geben.

Es könnte klappen.

Wenn ich ein kein Mops wäre. Und Karate könnte. Und sehr, sehr schnell wäre.

Unter den gegebenen Umständen blieb mir deshalb nichts anderes übrig, als in den Bastkorb am Ende der Schleuder zu klettern.

»Ich weiß, dass Sie Dreck am Stecken haben«, knurrte ich, als Wolf seine Pfote auf den Hebel der Schleuder senkte. »Und ich kriege auch raus, woher der Dreck stammt. **Darauf können Sie sich verlassen!**«

»Guten Flug!« Kalt lächelnd drückte Wolf die Pfote nach unten. Der Hebel entsperrte den Bolzen, die Schleuder wuchtete nach vorn – und ich flog im hohen Bogen in den Abgrund.

Während ich auf Dog City zuraste, kam mir der Verdacht, dass Big Wolf mich erwartet hatte. Wieso sonst war die Anlage geschlossen, obwohl nirgends ein Schild gestanden hatte? War das Absicht gewesen, damit Wolf mich ohne Zeugen **in die ewigen Jagdgründe** schicken konnte? Hatten sich deshalb auch die beiden Schäferhunde versteckt, um mir im richtigen Moment den Weg abzuschneiden?

Dass Mad Dog mich verraten hatte, konnte ich mir beim besten Willen nicht vorstellen. Aber vielleicht hatte ihm jemand die Info über Pinscher und Wolf absichtlich zugespielt, um mich in die Falle zu locken.

Die Frage war nur, **warum mich Wolf loswerden wollte**. Hatte es etwas mit meinen Recherchen der vergangenen Tage zu tun? Mit dem Diamanten und Professor Pinscher?

Der Boden kam rasend schnell näher. Das wäre der richtige Moment, um in Panik zu verfallen. Für normale Hunde. Aber ich bin **ein Privatschnüffler** der Extraklasse. Deshalb begann ich nicht zu zittern, sondern streckte mich gemächlich und machte es mir für die Landung bequem. Ich gähnte und zählte die Sekunden, bis ich aufschlagen würde: Drei ... zwei ... eins ...

Ein Wagen kam mit irrem Tempo angerast und schob sich unter mich. Über sein Dach war ein Netz gespannt. Und ich landete mittendrin.

»**Hab dich!**«, rief Terry R. aus und bremste. Er hatte meinen Flug genau verfolgt und mich abgefangen. Darum hatte ich ihn vor meinem Trip nach Bell Air gebeten. Denn wie gesagt: **Ich hatte so ein mulmiges Gefühl.** Und mein Riecher hatte mir mal wieder recht gegeben.

Ich krabbelte aus dem Netz und richtete meine Falten. Dann rief ich die Polizei von Dog City und verlangte, dass man Big Wolf festnahm. Immerhin war das **ein eiskalter Mordversuch** gewesen.

Aber als Terry und ich kurz darauf zeitgleich mit der Polizei die Anlage erreichten, waren Wolf und seine Leute verschwunden. Neben der Abschussvorrichtung hing ein Fernglas am Zaun. Damit hatte Wolf mich vermutlich beobachtet und gesehen, wie ich ihn ausgetrickst hatte. Daraufhin war er abgetaucht. Aber ich hatte das Gefühl, **dass das noch nicht das Ende vom Lied war**.

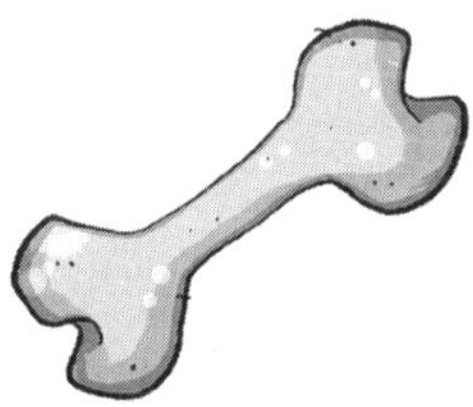

KAPITEL 5

Meine Oma sagt immer: *Vorsicht vor dem Dackelblick! Hör lieber auf dein Hirn statt auf deine Gefühle.* Wäre ich diesem Ratschlag bloß gefolgt. Denn als ich in mein Büro zurückkehrte, war der Spaniel fort. Und Chantal auf einem Stuhl gefesselt.

»**Zwei Windhunde haben mich überwältigt**«, berichtete sie, nachdem ich sie befreit hatte. »Die kamen reingeschlichen, während ich Goodboy eine Geschichte vorgelesen habe. Sie haben mich gefesselt und dann …« Sie zog eine Hundemaske hervor. Die Maske eines Spaniels. »**Goodboy war gar kein Welpe**, sondern ein

Jack Russel Terrier und mindestens so alt wie Sie, Chef. **Es war eine Falle.** Ein abgekartetes Spiel. Aber warum?«

»Weil ich auf der richtigen Spur bin«, erwiderte ich. »Der gestohlene Diamant aus dem Halsband von Miss Pudel ist der Schlüssel. Wir müssen herausfinden, was es damit auf sich hat.«

Aber das war leichter gesagt als getan. Keiner meiner Kontakte hatte einen heißen Tipp, weder **zum geklauten Diamanten** noch zu Wolfs Verschwinden. Wir bekamen lediglich heraus, dass Professor Pinscher gar keinen Sohn hatte, sondern eine Tochter. Hätten wir das vorher gewusst, hätte uns das viel Ärger erspart.

Als kleine Wiedergutmachung für die Gefangennahme lud ich Chantal auf einen Knochen ins *Bones* ein – ein angesagtes Lokal auf dem Marktplatz von Dog City.

Während wir an unseren Snacks knabberten, schweifte mein Blick zum Glockenturm auf der gegenüberliegenden Seite. Die Restaurierungsarbeiten gingen weiter, obwohl Wolf geflüchtet war. Also hatte er seine Leute wohl im Voraus bezahlt. Oder hatten sie noch gar nicht mitbekommen, dass ihr Chef **auf und davon** war?

»Boss!«, riss mich Chantals Stimme aus meinen Gedanken.

»Äh ja?«

Sie zeigte zu einem Husky-Taxi auf der Straße. Der Fahrer winkte mir zu.

»**Ich glaube, der meint Sie.**«

»Walter Wuffman?«, fragte der Fahrer, als ich zu ihm gegangen war.

»Wer will das wissen?«

»**Ich habe den Auftrag, Sie abzuholen.**« Der Fahrer zappelte nervös mit den Pfoten herum. Schlittenhunde waren einfach nicht für diese Breitengrade gemacht. Aber seit der

Klimawandel die Pole zum Schmelzen brachte, waren die Huskys gezwungen, sich neue Jobs zu suchen. Zum Beispiel im Taxigewerbe.

»Wer hat Ihnen den Auftrag gegeben?«, fragte ich misstrauisch. »Und wohin sollen Sie mich bringen?«

»Nach Dalmatown«, gab der Fahrer zurück. **»Der Auftraggeber ist Luciano Bellarotti.«**

Mir fiel die Kinnlade runter. Luciano Bellarotti wollte mich sprechen? Und schickte mir dafür ein Husky-Taxi?

»Wir sehen uns später im Büro«, rief ich Chantal zu.

»Und wer bezahlt die Knochen?«, rief sie zurück.

Aber ich tat so, als hätte ich es nicht gehört, und verschwand schnell im Taxi. Der Husky stürmte los.

Dalmatown war Dog Citys Nobelviertel. Hier lebten die Reichen und Schönen, piekfeine Pudel und stinkreiche Chihuahuas. Warum einer von denen einen Privatschnüffler wie mich anheuern wollte, war mir ein Rätsel. **Aber Geld stinkt nicht**, pflegte mein Großcousin Lassie immer zu sagen. Und der musste es wissen, schließlich machte er Millionen als Hundedarsteller.

Das Husky-Taxi bog in die Labrador-Allee und hielt vor dem *Protz-Palast*, der größten Hundehütte, die ich je zu Gesicht bekommen hatte. Ich stieg aus und ... hatte plötzlich **ein ungutes Gefühl**. Hatte wirklich Bellarotti nach mir geschickt?

Ich drehte mich zum Taxi. »Entschuldigen Sie, Kollege ...«

Aber der Husky war schon wieder weg. Ich sah gerade noch, wie er am Ende der Straße abbog – **dann war er verschwunden**.

Was soll's. Schlimmer als die Sache mit Wolf

konnte es nicht werden. Und vielleicht hatte der Schlittenhund ja doch die Wahrheit gesagt.

Also tapste ich zum Eingang des *Protz-Palastes*. **Placido Flamingo** stand auf dem Türschild.

Aber das war nur Tarnung. Alle Bewohner von Dalmatown schrieben falsche Namen an ihre Häuser, um sich Fans und Reporter vom Hals zu halten. **Einen Mops wie mich blendete man damit nicht.**

Ich klingelte zweimal und ein braun-weißer Riese mit Schlappohren und traurigem Blick öffnete die Tür. »Mister Wuffman?«, brummte er müde.

»Und Sie sind?«

»Bernhard Diener.«

»Ist das Ihr Name oder Ihr Beruf?«

Statt über meinen Scherz zu lachen, bat mich der Riese herein.

Die Hütte hatte enorme Ausmaße und war vollgestopft mit Zeug, das die Eitelkeit seines Eigentümers zum Ausdruck brachte: An den Wänden hingen Fotos, die Bellarotti mit anderen Berühmtheiten zeigten; in einem Glasschrank stapelten sich Medaillen und Statuen, die er im Laufe seiner Karriere erhalten hatte; und in einer mit Samt ausgekleideten Vitrine lag ein mit Bissspuren übersätes Stöckchen.

»**Ein Geschenk von Andrew Lloyd Kläffer**«, sagte eine Stimme. Ich fuhr herum. In der Tür stand ein Dingo in Morgenmantel und Sandalen an den Pfoten. »Hat er mir nach der Premiere von *Dogs* überreicht. Ein Musical, das er nicht nur dirigiert, sondern auch selbst geschrieben hat. Und ich habe die Hauptrolle geheult.«

Ich kannte Bellarotti vor allem aus den Zeitschriften, die Chantal immer schmökerte, wenn sie nichts zu tun hatte: *Gelee Royale, Das goldene Schwein* und *Hund im Spiegel*. Allesamt so langweilig, dass sich nicht mal ein flüchtiger Blick lohnte. Deshalb las ich das Zeug auch nie. Oder nur ganz, ganz selten.

Bellarotti war ein eitler Dingo, der sich vom mittellosen Streuner zum gefeierten Opernheuler hochgejault hatte. Seitdem hielt er sich für etwas Besseres. Aber, wie meine Oma zu sagen pflegt: *Den Straßengeruch wirst du niemals los.*

»**Mister Wuffman**«, begrüßte mich Bellarotti mit einem breiten Grinsen. »Danke, dass Sie mir etwas von Ihrer wertvollen Zeit opfern.« Er ging mir jetzt schon auf den Keks. »Bitte, nehmen Sie doch Platz.« Mit einer ausladenden Bewegung deutete er auf einen aus Tropenholz geschnitzten und mit Satinkissen ausstaffierten Korb. **Was für ein Angeber!**

Widerwillig nahm ich Platz ... und musste feststellen, dass die Kissen ganz schön fluffig waren. »Sind das Kaustangen?«, fragte ich und schielte auf den gefüllten Napf, der zwischen uns auf dem Teppich ruhte.

»**Bedienen Sie sich.**« Bellarotti schob die Schüssel gönnerhafter in meine Richtung.

»Ich hab nämlich noch nicht gefrühstückt«, behauptete ich – was nicht stimmte. Schließlich hatte ich schon einen Knochen verputzt. Aber diese Stangen sahen einfach zu lecker aus. Und waren bestimmt sündhaft teuer. »**Worum geht's?**«, fragte ich und schob mir eine von ihnen zwischen die Kiefer. Sie schmeckte sensationell!

»Als gefeierter Meisterheuler bin ich viel unterwegs und selten zu Hause«, erklärte Bellarotti. »Nach meiner letzten Reise witterte ich, dass etwas nicht stimmt. Fremde Gerüche waberten durch die Gänge. Nachts hörte ich tapsende Geräusche in den Fluren. Und einmal fand ich sogar einen Pfotenabdruck auf der Treppe in den Keller. Kurz: **Ich glaube, ich habe einen ungebetenen Gast.**«

»Sie meinen, jemand hat sich bei Ihnen häuslich eingerichtet?«, fragte ich ungläubig und griff erneut zu. Einfach köstlich, diese Dinger. Ich musste das Gespräch unbedingt am Laufen halten.

»Der *Protz-Palast* ist eine Riesen-Hütte mit zahllosen Räumen«, erwiderte Bellarotti. »Selbst ich kenne nicht jeden Winkel und jedes Versteck. Für einen cleveren Untermieter ist es leicht, unbemerkt sein Lager aufzuschlagen.« **Plötzlich verdüsterte sich sein Blick** und seine Streuner-Herkunft kam zum Vorschein. »Aber das dulde ich nicht! Der *Protz-Palast* gehört mir! Ich teile ihn mit niemandem. **Also finden Sie den Kerl, Mister Wuffman.** Und setzen Sie ihn vor die Tür!«

KAPITEL 6

Bernhard Diener führte mich durch Bellarottis Hütte. Der *Protz-Palast* war wirklich gewaltig: Es gab Räume **so groß wie eine Sporthalle**, in denen nichts außer einer Frisbee-Wurfmaschine stand, mit der sich der Opernheuler offenbar fit hielt. Andere Zimmer beherbergten Sitz- und Liegesäcke in allen Variationen. In einer Ecke stand sogar ein alter Karton, in den sich Bellarotti vermutlich zurückzog, wenn er seine Ruhe brauchte.

Nachdem ich alles durchstöbert hatte, mir aber **nichts Verdächtiges** aufgefallen war, beschloss ich, die Nacht im *Protz-Palast* zu ver-

bringen. Diener richtete mir eines der zahllosen Gästezimmer her und ich machte es mir auf einem Teppich in der Nähe der Tür bequem, wo ich **meine Lauscher spitzen** und auf das Tapsen im Flur horchen wollte. Der Teppich war wirklich superflauschig, Mannomann, so was hatte ich noch nicht erlebt. Und als ich für einen Moment die Augen schloss, war es, **als würde ich wie auf Wolken schweben** … als wäre mein dicker, runder Leib leicht wie eine Feder und würde schwerelos durch die Lüfte gleiten, immer weiter …

… trug mich der sanfte Wind hinauf. Unter mir lag Dog City. Es war das erste Mal, dass ich die Stadt aus der Vogelperspektive sah. Von hier oben wirkte sie gar nicht mehr so chaotisch und unübersichtlich, wie sie mir in den vergangenen Tagen vorgekommen war. **Ganz im Gegenteil:** Dog City mochte zwar eine riesige Stadt sein, in der man sich oft verloren fühlte. Aber nur, wenn man mittendrin steckte. Von oben war es kein Problem, das Labyrinth zu durchschauen. **Man musste nur die Perspektive wechseln.**

Ein kalter Wind fuhr mir in den Nacken. Und als ich zurückblickte, bemerkte ich, wie sich ein gewaltiger Schatten über die Stadt legte, Häuser und Straßen in Dunkelheit tauchte. Plötzlich war es aus mit der Übersicht und ich begriff, **dass der Schatten DAS BÖSE war.** Mit einem Mal schälten sich vertraute Züge aus dem Dunkel. Ein Gesicht nahm Konturen an. Der Schatten war niemand anderer als …

… **ich schreckte auf.** Und blickte mich um. Ich lag auf dem Teppich im Gästezimmer. Es war nur ein Traum gewesen. Ich musste eingenickt sein …

Meine Gedanken verstummten.

Da war was! Draußen. Ein Geräusch, als würden Pfoten über den Flur schleichen.

Ich huschte zur Tür, öffnete sie einen Spaltbreit und schob den Kopf hinaus. Gerade noch sah ich, wie am Ende des Flurs ein buschiger Schwanz hinter der Ecke verschwand. **Sofort nahm ich die Verfolgung auf.**

Aber der Unbekannte war schnell. Er kannte den Weg und schlich mit Sicherheit nicht das erste Mal durch *Protz-Palast*. Im Keller verlor sich seine Spur.

Ich schaute mich in dem dunklen Gewölbe um. Eine komplette Wand war mit Regalen voller Weinflaschen gepflastert, ihr gegenüber ruhten ein Dutzend bauchiger Fässer. An einem von ihnen klemmte etwas Fell zwischen Deckel und Tonne. Dieselbe Fellfarbe wie bei dem buschigen Schwanz, dem ich gefolgt war.

Ich schob die Krallen unter den Deckelrand und zog daran. Der Holzverschluss löste sich leichter vom Fass als gedacht. Ich legte ihn beiseite und steckte den Kopf in die Tonne. **Halleluja!** Das Fass war der Eingang zu einem wohl geheimen Durchgang!

Ich kroch hinein und schob mich in den schmalen Schacht, der nach ein paar Metern in einem Tunnel mündete. Ich folgte dem schnurgeraden Verlauf zu einer Eisenleiter. Sie führte in einen runden, aus groben Steinen erbauten Raum. Die Steine kamen mir irgendwie bekannt vor. Aber erst als ich die massive Holztür öffnete und ins Freie trat, traf mich **die Wucht der Erkenntnis wie ein Vorschlaghammer:** Ich stand auf dem Marktplatz in Dog City. Und hatte gerade den alten Glockenturm verlassen.

»Irgendjemand benutzt den *Protz-Palast* als Durchgang«, erklärte ich Bellarotti am nächsten Tag. »Um unbemerkt von Dalmatown in die Innenstadt von Dog City zu kommen.«

Der Opernheuler schüttelte verständnislos den Kopf. »**Wer macht denn so was?** Und wozu?«

»Das konnte ich noch nicht herausfinden«,

antwortete ich. »Aber dafür weiß ich, wer dem Unbekannten geholfen hat.« Ich zog das Büschel Fell heraus, das ich am Weinfass gefunden hatte. »Ein paar Haare stammen von einem Irischen Wolfshund. **Aber die übrigen kommen von** … ihm!« Ich zeigte auf Bernhard Diener.

Der Butler riss die Augen auf. Offenbar suchte er fieberhaft nach einer Ausrede. »Ich … weiß nicht, wovon … der Mops spricht«, stotterte er.

Ich hielt die Fellprobe an Dieners Pelz. »Die Haare passen hundertprozentig. Und der Geruch auch. Oder wollen Sie wirklich behaupten, hier wäre noch ein anderer Bernhardiner unterwegs, der mit einem Irischen Wolfshund nachts durch die Flure schleicht?«

Dieners Abwehr fiel in sich zusammen. **Traurig ließ er den Kopf hängen.**

Bellarotti war fassungslos. »Warum tust du mir das an? Nach all den Jahren?«

»Weil ich Ihr Rumgejaule satthabe«, antwortete Diener niedergeschlagen. »Und während Sie in Geld schwimmen, bekomme ich zu Weihnachten **noch nicht mal einen Extraknochen**. Sie sollten sich schämen, so mit einem Artgenossen umzugehen!«

Da hatte er nicht ganz unrecht. Obwohl es natürlich nicht rechtfertigte, dass er deswegen Verbrechern Tür und Tor öffnete.

»Wer ist der Irische Wolfshund?«, fragte ich. »**Und was ist sein Plan?**«

Diener schüttelte den Kopf. »Ich verpfeife niemanden. Wenn Sie jemanden bestrafen wollen, müssen Sie mich einsperren.«

Genau das tat ich – was blieb mir anderes übrig? Ich übergab Diener Polizeichef Bark und berichtete ihm alles. Die Polizei nahm die Baustelle und den Glockenturm unter die Lupe, fand aber nichts Verdächtiges. Bark ließ den Turm dennoch absperren. Und verfrachtete Diener in den Zwinger.

Ich besuchte den Butler noch am selben Tag.

»**Sie lassen sich freiwillig einbuchten?**«, wunderte ich mich. »Warum?«

»Weil ich mein Wort gegeben habe. Und das halte ich auch.« Er winkte mich zu sich heran und flüsterte: »Nur so viel: Bellarotti mag ja ein weltberühmter Opernheuler sein; aber der größte Heuler aller Zeiten ist er nicht.«

Ich steckte dem wachhabenden Polizei-Dog einen Schein zu, damit er seinem Gefangenen was Anständiges zu fressen brachte. Denn auch wenn Diener sich schuldig gemacht hatte, konnte ich ihn verstehen: ein Leben als Butler für einen eingebildeten Typen wie Bellarotti? **Das hatte kein Köter verdient.** Oder, wie meine Oma immer sagt: *Mir ist ein Straßenköter lieber als ein Golden Retriever. Bei dem weißt du nämlich nie, ob auch wirklich alles Gold ist, was glänzt.*

Der Hinweis von Bernhard Diener hingegen beschäftigte mich weiter: *Der größte Heuler aller Zeiten.* **Was meinte er damit?** Und wie hingen der Geheimtunnel, der Glockenturm und der verschwundene Professor miteinander zusammen? Denn das taten sie ohne jeden Zweifel: Schließlich war es die Baustelle von Big Wolf, in die der Tunnel mündete. Und Wolf hatte versucht, mich auszuschalten, weil ich ihn wegen Pinscher aufgesucht hatte. **Alles Teile eines großen Ganzen.** Ich wünschte, ich könnte wirklich fliegen und das Bild von oben betrachten. Vielleicht käme mir dann eine Idee, was es darstellte.

KAPITEL 7

Meine Oma sagt immer: *Stars sind auch nur Sterne. Wenn ihr Licht verglüht, wird es dunkel.* Ich begriff erst wirklich, was sie damit meinte, als ich Dober Man kennenlernte.

Ich kannte ihn natürlich schon vorher, nur nicht persönlich, sondern von der großen Leinwand. **Schließlich war er einer der berühmtesten Hundedarsteller der Welt.** Seine Rolle als James Bone brachte ihm nicht nur Unmengen Geld ein, sondern vor allem Ruhm. Kam ein neuer Teil der Agenten-Saga in die Kinos, klingelten die Kassen – und die Damenwelt rastete förmlich aus.

Ich bewunderte Dober Man, seit ich ein Welpe war. Er war groß und schön und spielte seine Actionszenen selbst. Dober Man war nicht nur ein begnadeter Schauhund, sondern auch einer der besten Stunt Hunde der Welt. **Und als junger Köter wollte ich so sein wie er.**

Deshalb konnte ich mein Glück kaum fassen, als mich Dober Man zu sich bat. Er drehte gerade einen neuen Bone-Film in Dog City: *Man bellt nur zweimal*. Darin stiehlt eine Geheimorganisation Raumschiffe. James Bones Widersacher war Kit-Cat, ein als Siamkatze verkleideter Dackel.

»**Ist ja klar, die Katzen sind wieder die Bösen**«, regte sich Chantal auf.

»Der Dackel ist böse, die Katze nur die Verkleidung«, erwiderte ich.

»Was die Sache nicht besser macht. Wenn die Hunde aus dem Kino kommen, werden sie nur an die böse weiße Katze denken. Das bleibt hängen.«

Ich seufzte. »**Soll ich den Auftrag lieber nicht annehmen?**«

Chantal schüttelte den Kopf und zwinkerte. »Bringen Sie mir ein Tatz-O-Gramm von Dober Man mit. Aber nicht weitersagen.«

Als ich das Filmset betrat, war es, als würde ich in eine andere Welt eintauchen. **Hunderte Tiere aller möglichen Rassen wuselten durcheinander.** Giraffen montierten Scheinwerfer, Biber frästen Kulissen und Adler transportierten Requisiten. Schauhunde wurden geschminkt, während Kolibris ihre Kostüme zurechtzupften.

Plötzlich hob sich eine Hebebühne aus dem Durcheinander. Auf ihr war eine Kamera montiert, hinter der ein Murmeltier saß und durch die Linse schaute. Neben ihm kauerte ein alter Fuchs, offenbar der Regisseur, und richtete sein Megafon auf das Chaos unter sich.

»**RUHE!**«, brüllte er, und von einer Sekunde zur anderen wurde es totenstill. Der Fuchs wartete, bis auch der letzte Schmetterling seine Flügel gefaltet hatte; dann brüllte er: »**Und ACTION!**«

Ein Otter und ein Pavian rannten aufeinander zu, umarmten sich und gestanden sich voll Inbrunst ihre Liebe.

»**GESTORBEN!**«, brüllte der Fuchs, und das Gewusel begann von Neuem. Ich war beeindruckt. Es war also möglich, dass Tiere der unterschiedlichsten Gattungen miteinander zurechtkamen. Vorausgesetzt, sie hatten ein gemeinsames Ziel.

Dober Mans Wohnwagen parkte am Ende des Geländes. Als ich an die Tür klopfte, war ich ziemlich nervös. Schließlich war der Schauhund **der Held meiner Jugend**. Aber als er öffnete und mich hereinbat, fand ich keinen knallharten Agenten-Hund vor, sondern einen müden Schauhund, der seine besten Jahre hinter sich hatte.

»Danke, dass Sie kommen konnten.« Seine Stimme klang brüchig. Wir setzten uns an den kleinen Tisch.

»**Was kann ich für Sie tun?**«

»Jemand will mir das Fell über die Ohren ziehen.« Dober Man schob mir einen Zettel rüber.

Ich las:

> Ein Kilo Möhren,
> zwei Pfund Radieschen,
> vier Köpfe Salat …

Ich hob erstaunt den Blick. »Ihnen soll das Fell über die Ohren gezogen werden mit – Radieschen?«

»**Die andere Seite**«, seufzte Dober Man und ich wendete das Blatt.

> Dein nächster Stunt
> wird dein letzter sein.

»Ihnen soll also **vor laufender Kamera** das Licht ausgeknipst werden«, murmelte ich nachdenklich. »Wann ist der nächste Stunt geplant?«

»Um elf«, sagte Dober Man.

»**Heute?**« Ich riss erstaunt die Augen auf. »Warum rufen Sie mich so spät?«

»Ich habe den Zettel erst vor einer Stunde zugestellt bekommen. Per Ratten-Post.«

Ich schüttelte den Kopf. »Und wieso alarmieren Sie nicht die Polizei?«

Dober Mans Miene verdüsterte sich. »Die ist

doch längst hier. Ein Dutzend Polizei-Dogs sichern das Gelände. Aber von denen hat keiner was bemerkt. Deshalb glaube ich, dass jemand aus der Crew den Zettel geschrieben hat.«

Ich runzelte die Stirn – was als Mops gar nicht so einfach ist. »**Und warum will Ihnen jemand ans Fell?**«

Dober Man zuckte mit den Achseln. »Ich weiß es nicht.«

»Hatten Sie in letzter Zeit mit jemandem Streit oder haben Sie vielleicht jemanden beleidigt?«

Dober Man schüttelte den Kopf.

»Oder die Rolle weggeschnappt? Das Weibchen ausgespannt?«

Er seufzte tief.

»**Irgendwo muss doch der Hund begraben sein**«, beharrte ich.

Aber Dober Mans traurige Augen überzeugten mich schließlich, dass er wirklich keine Ahnung hatte.

Mir kam eine Idee. »Wie genau funktioniert der Stunt?«

Dober Man nahm einen Zettel und fertigte eine grobe Skizze an. »Ich springe in einen Abgrund, packe ein Seil und baumle dann über einer hundert Meter tiefen Schlucht hin und her, während Kit-Cat sich über mich lustig macht. Ich selbst habe das Drehbuch geschrieben. Ich fand das irgendwie cool. Hätte ich geahnt …« Er stöhnte auf.

»**Ich helfe Ihnen**«, beruhigte ich ihn. »Und der Stunt wird genau so ablaufen, wie er geplant ist. Nur ohne Sie.«

KAPITEL 8

Ich erklärte Dober Man meinen Plan: Statt ihm würde ich den Stunt machen. Dazu musste ich mich allerdings als Dober Man beziehungsweise als James Bone verkleiden. Damit könnte ich den Verfasser des Briefs **auf frischer Tat ertappen**. Falls er wirklich zuschlug.

Mithilfe der zauberhaften Maskenbildnerin Nikki und einem falschen Fell verwandelte ich mich in Bone.

»Hier ist das Drehbuch.« Dober Man zog den Text aus einem Geheimfach hervor. »**Es gibt nur dieses eine Exemplar.** Eine Vorsichtsmaßnahme, damit niemand die Handlung des

Films verraten kann. Nur ich weiß, worum es geht. Der Regisseur und meine Kollegen bekommen immer nur die aktuelle Szene.«

Ich lernte meinen Text. War eigentlich ganz leicht. Aber als ich schließlich vom Regie-Assistenten zum Drehort geführt wurde, **schlug mir das Herz doch bis zum Hals**. Als Privatschnüffler war ich ja einiges gewohnt und musste auch schon ziemlich haarige Situationen meistern. Aber einen Film-Stunt hatte ich noch nie hingelegt.

»Hey, Dobi, siehst nervös aus«, rief mir ein Darsteller zu, als ich in den Abgrund blickte.

»**Nervös? Ich?**« Meine Stimme klang nicht sehr nach Dober Man. Der Darsteller beäugte mich misstrauisch. Ich konnte nur hoffen, dass niemand den Schwindel durchschaute.

Dann wartete ich auf meinen Einsatz.

Und wartete.

Und wartete.

»**Was ist denn da los?**«, brüllte der Regisseur. »Wo bleibt Kit-Cat?«

»Bin schon da«, keuchte die Siamkatze. »Musste nur noch mal rasch für kleine Filmstars.« Sie warf mir einen kalten Blick zu. Und in meiner Magengegend breitete sich ein ganz mieses Gefühl aus.

»**Alles auf die Plätze!**«, brüllte der Regisseur. »**Und: ACTION!**«

Ich sprang in den Abgrund, bekam das Seil zu fassen und schwang hin und her. Genau nach Plan. Dann erschien Kit-Cat und grinste mich an. Aber statt ihren Text zu sprechen, begann die Mieze, knapp oberhalb von mir, das Seil durchzunagen. Und ich wusste Bescheid.

»**Das Spiel ist aus**«, brüllte ich und riss Kit-Cat die Maske vom Kopf. Zum Vorschein kam aber kein Dackel, sondern das pelzige Gesicht eines Hasen, den ich nur allzu gut kannte. »Rick Rabbit, so sieht man sich wieder.«

Ich hatte ihn nach einem Einbruch in einer Möhrenfabrik bis nach Mümmel-Country verfolgt und dort geschnappt – **was Rabbit drei Monate Knast eingebracht hatte**.

»Woher wusstest du, dass *ich* hinter Kit-Cats Maske stecke?«, fragte er mit grimmiger Miene.

»Weil man einen Drohbrief nicht auf die Rückseite von ’nem Einkaufszettel kritzelt«, erwiderte ich lässig. »*Ein Kilo Möhren* – ich bitte dich!«

»Ach, *da* war die Liste. Ich hatte sie schon

überall gesucht.« Er grinste breit. »**Schlecht für dich.** Gut für den *Großen Heuler.*« Er knabberte weiter. Und ich war nur noch Sekunden von einer Begegnung mit meinem Schöpfer entfernt.

Aber Rabbit hatte seine langen Schlappohren vergessen. Sie baumelten bis zu mir herab, und als das Seil riss, schnappte ich mir Mister Langohrs Gehörmuscheln und klammerte mich daran fest. Dann zog ich mich an seinem Fell nach oben.

»**Was ist denn da los?**«, rief der Regisseur aufgeregt. »Das steht ja gar nicht im Drehbuch!«

Die Szene wurde abgebrochen. Die Polizei-Dogs kamen angesprintet und nahmen Rabbit fest.

»Was soll das?«, fuhr mich der Regisseur an. »**Was wird hier gespielt?**«

»Hier wird falsch gespielt«, erwiderte ich und riss mir die Maske vom Kopf.

»Ein Mops!«, rief der Regisseur überrascht aus. »Wo ist Dober Man?«

»**Ich bin hier.**« Der Schauhund gesellte sich zu uns. »Mister Wuffman hat mir das Leben gerettet. Ohne ihn hätte mich der falsche Hase in den Abgrund befördert. Walter Wuffman ist ein Held!«

Spontaner Applaus brandete auf. Die gesamte Crew gratulierte mir.

»Alle Achtung, für einen Anfänger haben Sie das ziemlich gut hingekriegt«, lobte mich der Regisseur. »Schon mal drüber nachgedacht, ins Filmbusiness zu wechseln?«

Ich lächelte geschmeichelt. »Vielleicht später. Jetzt habe ich erst mal einen Job zu erledigen.«

»**Sie haben mir das Leben gerettet**«, wiederholte Dober Man, als wir zurück zu seinem Wohnwagen kamen. »Ich weiß nicht, wie ich Ihnen danken kann.«

»Ich schon«, erwiderte ich. »Zeigen Sie mir doch bitte noch mal das Drehbuch.«

Dober Man runzelte verwundert die Stirn. Dann öffnete er das Geheimfach.

»**Es ist weg!**«, rief er entsetzt aus.

»Das habe ich befürchtet.«

»Aber ... wieso?« Dober Man war völlig außer sich. »Warum hat jemand mein Drehbuch gestohlen?«

»Weil Sie nicht der Einzige sind, der wusste, was darin steht«, erklärte ich. »Es gibt mindestens noch eine weitere Person, die es kannte. Und diese Person hat erst den Inhalt weitergegeben – und dann das Drehbuch.«

»**Das ist unmöglich!**«, widersprach Dober Man. »Ich habe das Drehbuch immer nur allein gelesen. Meistens, wenn ich für meine Szene in der Maske saß und ...« Er stutzte. »Nikki!«

»Für Sie war es so selbstverständlich, dass Nikki bei Ihnen ist, dass Sie sie gar nicht mehr wahrgenommen haben«, erklärte ich. »Und Ihre Maskenbildnerin hat das eiskalt ausgenutzt.«

»Aber an wen hat sie das Drehbuch weitergegeben? **Und warum?**«

»Die erste Frage kann ich Ihnen nicht beantworten. Die zweite vielleicht schon: Mit irgendeiner Information in Ihrem Drehbuch haben Sie vermutlich schlafende Hunde geweckt. Unabsichtlich natürlich. Aber so gefährlich, dass der große Unbekannte das Drehbuch stehlen ließ und Sie ins Nirwana schicken wollte.«

Ich hatte auch schon so eine Ahnung, welche Information es sein könnte: Schließlich handelte das Drehbuch **von einem gestohlenen Raumschiff**. Und der entführte Professor Pinscher hatte einen neuartigen Raketenantrieb entwickelt. Wieder einmal hingen die Fälle miteinander zusammen. Und im Hintergrund zog der *Große Heuler* die Fäden.

Rabbit schwieg wie ein Grab. Und Nikki war wie vom Erdboden verschluckt. Die Angelegenheit zog immer weitere Kreise. Und mittlerweile schwebte nicht nur ich in Gefahr, sondern auch noch andere. Ich musste herausfinden, worum es bei dem Plan des *Großen Heulers* ging. **Nur so konnte ich ihn vereiteln.**

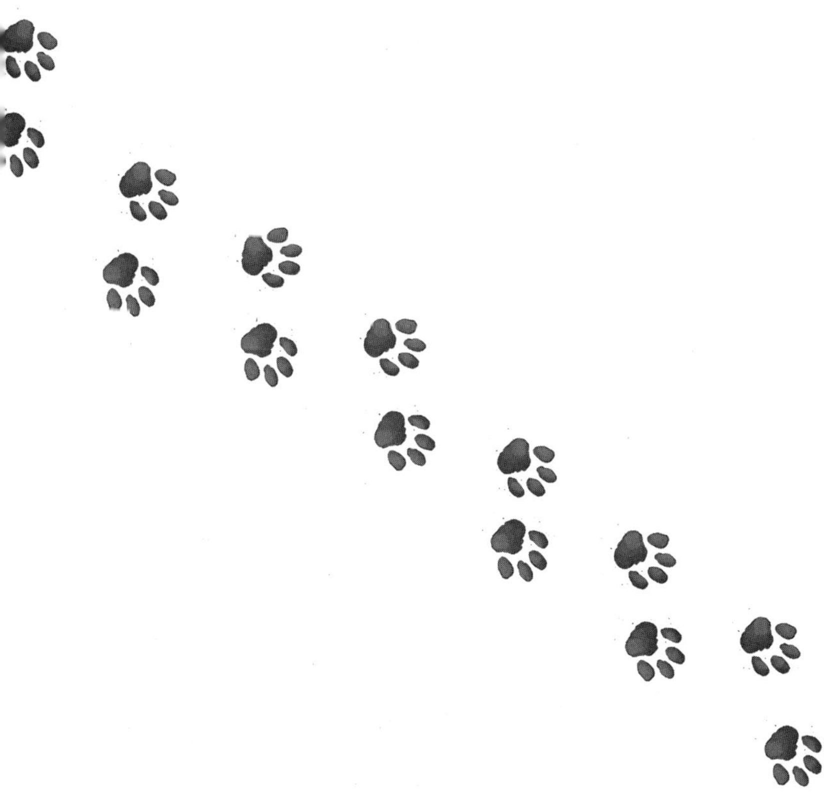

KAPITEL 9

»Hey, Chantal«, rief ich, als ich in meine Hütte zurückkehrte. »Rate, wer den gefährlichsten Stunt **im neuen James Bone-Film** gemacht hat!« Klar wollte ich gleich mit meinem Abenteuer am Filmset prahlen. Nur hatte meine Assistentin gerade so gar kein bisschen Aufmerksamkeit für mich übrig. Ihre Augen und Ohren hafteten nämlich auf dem Klienten, der in meinem Büro auf mich wartete. Und das aus gutem Grund!

»Ist es der, nach dem er aussieht?«, fragte ich, während ich ebenfalls einen Blick durch die nur angelehnte Tür riskiert hatte.

Chantal nickte. »Ich wollte es selbst kaum glauben, deshalb hab ich zur Sicherheit noch mal im Wuffnet nachgesehen. **Es ist Cassius Claw.**«

»Was macht er in Dog City?«

»Er hat einen Kampf gegen Rex. Auf der Festivalwiese hinter dem Glockenturm.«

»Und was will er von mir?«

»Hat er nicht gesagt. Er meinte nur, er müsse Sie sprechen, Boss. In einer dringenden Angelegenheit!«

Claw war ein Boxer, der fast noch mehr sabberte als ich. Dafür war er **eine lebende Legende** im Stöckchenholen.

»Mister Claw«, grüßte ich ihn. »Was führt einen Kerl wie Sie in die Hütte eines Privatschnüfflers wie mich?« Ich schob ihm ein paar von Chantals selbst gemachten Hundekuchen rüber und machte es mir dann in meinem Korb bequem. »Immerhin haben Sie Benny Bulldog

im letzten Rennen um zweieinhalb Sekunden geschlagen und damit eine halbe Million eingestrichen. Was kann ein so erfolgreicher Boxer von einem Mops wie mir wollen?«

»**Ihre Hilfe**«, seufzte Claw und ließ die Lefzen hängen. Etwas Sabber tropfte auf die Polster. Zum Glück besaß ich ein 1a-Fleckenmittel. Musste nur dran denken, es später anzuwenden.

»Ich soll beim nächsten Wettkampf verlieren, sonst wollen sie meine Freundin Laika schnappen.« Claw schluckte. Seine Kehle war knochentrocken. Ich reichte ihm einen Napf Entenwein, den er dankbar leer schlabberte. Dann fuhr er fort: »Dieser Typ hat damit gedroht, **dass etwas Schreckliches passiert**, wenn ich gewinne.«

»Und wer ist *dieser Typ*?«, fragte ich.

Claw beugte sich zu mir. »Er nannte sich *Der große Heuler.*«

Schon wieder dieser Name! Überall schien dieser Kerl seine Schnauze reinzustecken.

»Irgendeine Ahnung, wer das sein könnte und warum er will, dass Sie den Kampf verlieren?«

Claw schüttelte bedauernd den Kopf. »Ich hab die Stimme noch nie zuvor gehört. Ansonsten weiß ich nur, was so geredet wird. Und das ist alles andere als beruhigend.« **In seinem Gesicht spiegelte sich Furcht.** »Er soll einer Organisation angehören, die über unbegrenzte Möglichkeiten verfügt. Da mischen nicht nur

Hunde mit, sondern auch noch andere Viecher, ein Wiesel, ein Stinktier und auch ein Hase.«

Rabbit!

»Seit ein paar Wochen sind sie in aller Munde«, fuhr Claw fort. »Ihr Chef soll ein knallharter Typ sein. **Gnade ist für den ein Fremdwort.**«

»Wieso weiß keiner, wer dahintersteckt?«, wunderte ich mich.

»Weil sie extrem vorsichtig sind.« Claws Stimme war fast nur noch ein Flüstern. »Denen geht es nicht darum, die große Trommel zu schlagen. Ganz im Gegenteil: Sie verhalten sich so unauffällig wie möglich, machen alles über Mittelshunde und scheuen die Öffentlichkeit wie die Eule das Licht.« Er schöpfte Atem. »Man munkelt aber, dass die **ein Riesending** planen. Und dabei könnte ganz Dog City vor die Hunde gehen.« Claw zog den Kopf ein.

»Wann findet der Wettkampf statt?«, fragte ich.

»Morgen Nachmittag. Auf der Festivalwiese hinter dem Glockenturm.«

»Ich werde da sein«, versprach ich Claw. »Mal sehen, ob wir dem *Großen Heuler* nicht die Maske vom Gesicht reißen können.«

KAPITEL 10

Am nächsten Tag versammelten sich Dog Citys Schöne und Reiche auf der Festivalwiese im City-Park: Scooby Doo, Rin Tin Tin, Susi und Strolch, Pongo und Perdi – all die Berühmten, die sich für was Besseres hielten, weil sie viel Geld und eine große Schnauze hatten. Aber mich konnten sie damit nicht blenden. **Ich blickte hinter die Fassade.** Und da waren die meisten nichts weiter als Kläffer.

Claws Herausforderer war Rex, ein ehemaliger Polizei-Dog. Als er dem ersten Stöckchen aus der Wurfmaschine hinterhersprintete, legte er ein beachtliches Tempo vor. Die Menge geriet in Aufruhr. Und in vielen Teilnehmern kam der Wolf zum Vorschein, von dem wir alle abstammen.

Dann war Claw an der Reihe. Das Stöckchen flog, er rannte los – und schnappte das Ding dermaßen elegant im Flug, dass einem die Spucke wegblieb. Seine Zeit lag deutlich unter der seines Herausforderers. Und es war sonnenklar, dass Rex **nicht den Hauch einer Chance** hatte. Es war also an der Zeit für mich, hinter die Kulissen zu schauen.

Claws Garderobe war in einem einfachen, ungesicherten Zelt untergebracht. Jeder konnte dort unbemerkt rein. Das fand ich seltsam. Oder war es eine Bedingung des *Großen Heulers* gewesen und Claw hatte bloß vergessen, es mir zu sagen?

Ich entdeckte nichts Verdächtiges und wollte mich auf dem übrigen Gelände umsehen. Aber als ich mich umdrehte, erlebte ich **eine**

böse Überraschung. Am Zelteingang stand ein Pitbull. Und an seinem schiefen Grinsen erkannte ich sofort, um wen es sich handelte.

»Fletsch!«, zischte ich. **»Ich dachte, sie hätten dir lebenslänglich gegeben.«**

»Ich wurde vorzeitig entlassen«, knurrte mein Gegenüber. »Wegen guter Führung.«

Das war gelogen. Und Fletsch wusste, dass ich es wusste. Es war klar, worauf die Sache hinauslief. Also zögerte ich nicht länger und stürzte mich auf ihn mit Gebell. Fletsch wich aus und versuchte, mir von hinten in den Allerwertesten zu beißen. Aber ich war schneller, riss mein Heck zur Seite und versetzte dem Schurken **einen Doppeltritt mit den Hinterläufen**. Fletsch wurde gegen die Zeltplane geschleudert und rutschte wie ein ausgelutschter Drops herunter. Benommen blieb er am Boden liegen.

Ich packte ihn am Fell. »**Was wird hier gespielt?** Für wen arbeitest du? Und wer steckt hinter dem *Großen Heuler?*«

»*Ich* bin der *Große Heuler*«, sagte eine Stimme hinter mir, die mir irgendwie bekannt vorkam. Aber ehe ich mich umdrehen konnte, wurde mir **ein Schlag auf den Hinterkopf** verpasst und ich sank ins Reich der Träume.

Als ich erwachte, war Claw über mich gebeugt.

»Sind Sie okay?«

»Ich denke schon.« Ich rappelte mich auf. Mein Kopf dröhnte wie der Glockenturm auf dem Marktplatz. »**Was ist mit dem Wettkampf?**«

»Ich habe verloren. Absichtlich. Wie verlangt. Aber sie haben ihre Drohung trotzdem wahr gemacht.« Er zog ein langes Gesicht. »Sie haben Laika entführt.«

Ich war entsetzt. »Sie haben sie mit zum Wettkampf gebracht, obwohl Sie wussten, wie gefährlich es ist?«

Claw schüttelte den Kopf. »Nein, ich hatte sie natürlich nicht mitgenommen. Aber damit hatte der *Große Heuler* wohl gerechnet. Er hat die

Gelegenheit genutzt und sie aus der Wohnung ihres Vaters entführt.«

»Und wer ist ihr Vater?«

»**Professor Geronimo Pinscher.**«

Jetzt verstand ich gar nichts mehr. Erst entführte der *Große Heuler* Professor Pinscher, dann seine Tochter. Trotzdem fand er noch Zeit, hier aufzukreuzen und mir eins über die Rübe zu geben. Warum? Wenn er doch wusste, dass Laika gar nicht hier war ...

Die einzig logische Antwort lautete: **Er war wegen mir gekommen.** Irgendwie hatte er herausgefunden, dass Claw mich engagiert hatte und seine Chance gewittert, mich unschädlich zu machen. Aber warum hatte er es nicht getan?

»Als ich reinkam, stand so ein Typ über Sie gebeugt«, schien Claw meine Gedanken zu erraten. »Ich weiß nicht, ob es der *Große Heuler* war, denn er trug eine Maske und einen grünen Anzug. Ich wollte ihn schnappen, aber er entwischte mir mit katzengleicher Geschmeidigkeit. **Ich habe es verbockt.**«

»Nein, *ich* habe es verbockt«, widersprach ich. »Ich habe Laikas Entführung nicht verhindert. Aber ich verspreche Ihnen, dass ich sie finden und befreien werde.«

Claw nickte betrübt. Doch ich bezweifelte, dass er mir glaubte. Schließlich glaubte ich mir selbst kaum. **Drei Mal war ich dem Tod nur knapp entkommen.** Und trotz zahlreicher Hinweise war es mir immer noch nicht gelungen herauszufinden, wer hinter der Maske des *Großen Heulers* steckte.

Ich war ein schlechter Detektiv. Und das wurmte mich.

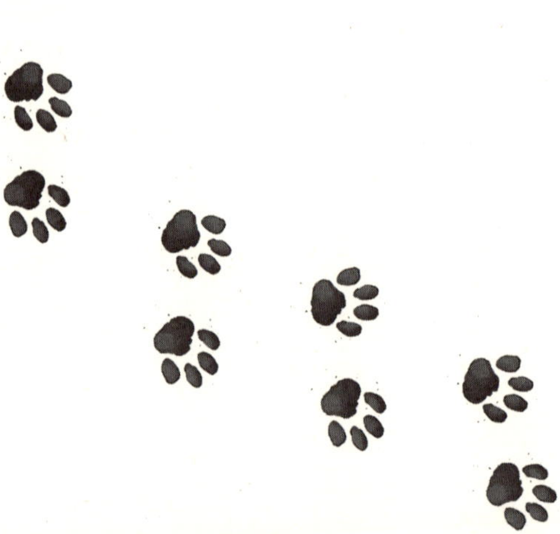

KAPITEL 11

»Wie war das Rennen, Boss?«, fragte Chantal, als ich in mein Büro trottete.

»Ich bin jetzt wirklich nicht in Plauderlaune«, gab ich niedergeschlagen zurück. »**Ich muss nachdenken.** Bitte für die nächste Stunde keine Anrufe durchstellen.«

»Kein Problem. Ruft ja sowieso kaum jemand an.« Chantal leckte sich weiter das Fell.

Ich warf die Tür hinter mir zu, schnappte mir eine Kaustange und sank in meinen Korb. Und während ich auf dem braunen Stück Trockenfleisch herumnagte, versuchte ich, meine Gedanken zu ordnen.

Der gestohlene Diamant, der verschwundene Professor, der Tunnel im *Protz-Palast*, das Drehbuch von Dober Man und die entführte Laika – alles Teile eines großen Ganzen, das erst sichtbar werden würde, wenn ich sie richtig zusammensetzte. Aber wie? **Was war der Plan des *Großen Heulers?*** Und wer steckte hinter seiner Maske?

Ich spürte, dass ich der Lösung des Falls ganz nah war. Aber irgendetwas hinderte mich daran, die Wahrheit zu erkennen. Oder fehlte doch noch ein Stück? Das verbindende Element?

Ein Geräusch drang an mein Ohr: das Geläut vom Glockenturm auf dem Marktplatz. Und plötzlich schoben sich die Puzzlestücke vor meinem geistigen Auge zusammen und ergaben ein Bild. Das also war der Plan des *Großen Heulers!* **Endlich hatte ich ihn durchschaut!** Ich konnte ihn stoppen. Aber dafür musste ich mich sputen.

Den Rest des Tages verbrachte ich mit Vorbereitungen. Abends fuhr ich zum *Protz-Palast* und öffnete die Tür mit einem Schlüssel, den ich bei meinem Besuch **heimlich angefertigt** hatte.

Ich schlich in den Keller, schob den Deckel vom Weinfass und kroch durch den Schacht bis zum Tunnel. An dessen Ende erklomm ich die Leiter zum Glockenturm und versteckte mich in einer Nische, die ich schon bei meinem ersten Besuch entdeckt und in **meinem phänomenalen Gedächtnis** abgespeichert hatte.

Dann wartete ich ab.

Die meisten Hunde nehmen uns Möpse nicht ernst. Sie glauben, wir wären bloß dämliche Zwergköter, die nichts zustande bringen, außer ihre Umwelt vollzusabbern.

Dabei vergessen sie, dass der Mops von der Chinesischen Dogge abstammt. Mein Opa war ein Zwergpinscher und mein Großcousin ist ein Collie – ganz zu schweigen vom Wolf, der in uns allen steckt. Kurz: Wer sich für was Besseres hält, leugnet nicht nur seine Herkunft, **er begeht auch den schweren Fehler, andere zu unterschätzen**.

Um kurz vor Mitternacht begann sich der Glockenturm mit Leben zu füllen. Hunde in weißen Kitteln strömten herein und drückten Knöpfe auf kleinen Kästen, woraufhin **kompliziert aussehende Maschinen** aus den Steinwänden herausglitten.

Ich sah Antennen, Computer und Steuerkonsolen. Bei der Restaurierung war es gar nicht um den Erhalt des Turms gegangen, sondern um die Installation einer geheimen Basis.

Fehlte nur noch der Chef des Ganzen, der *Große*

Heuler persönlich. Wie ich es geahnt hatte, ließ er nicht lange auf sich warten. Hektisch gab er seinen Leuten Anweisungen. **Die finale Phase seines Plans stand unmittelbar bevor.**

Ich verließ mein Versteck.

»Big Wolf«, sagte ich laut, und der *Große Heuler* drehte sich zu mir. Einen Moment lang wirkte er überrascht. Dann grinste er übers ganze Gesicht.

»Walter Wuffman! Hätte nicht gedacht, dass Sie den Plan durchschauen. Aber Sie haben das Rätsel gelöst. **Herzlichen Glückwunsch!**« Seine Miene verfinsterte sich. »Leider wird Ihnen das nichts nützen.« Er bellte kurz, und aus einem Seitengang kamen Fletscher und Benny Bulldog und zeigten ihre Zähne.

»**Das ist also der Lohn für meine Kombinationsgabe.**« Ich schüttelte enttäuscht den Kopf. »Da hätte ich Ihnen mehr Stil zugetraut, Wolf.«

»Wie meinen Sie das? Welche Belohnung haben Sie sich denn vorgestellt?«

»Die Beantwortung meiner offenen Fragen. Ich weiß zwar einiges über Ihren Plan, aber ein paar Details fehlen noch. Wäre es nicht fair, mir die noch zu beantworten, bevor Sie mich …« Ich schwieg vielsagend.

Wolf warf einen Blick auf seine Pfotenband-Uhr. »Wir haben noch ein paar Minuten, also gut, warum nicht? Ich beantworte Ihre offenen Fragen – **bevor Sie den Löffel abgeben!**« Er lachte laut auf. »Wenn ich bitten darf, Mister Mops.«

Er führte mich durch den Glockenturm, der mit modernster Elektronik vollgestopft war.

»Es war nie meine Absicht, den Turm zu restaurieren. Ich brauche ihn für mein Projekt!«

»Und worum geht es dabei?«

»**Um eine neuartige Rakete.** Sie ist im Turm versteckt, oder besser gesagt: Sie IST der Turm. Wenn die Vorbereitungen abgeschlossen sind, startet der Countdown. Dann wird der komplette Turm ins Weltall geschossen und wartet dort auf weitere Befehle. Wenn ich das

Signal gebe, stürzt er herunter **und löscht Dog City aus**. Es sei denn ...«

»Sie bekommen Geld«, führte ich den Satz zu Ende.

Wolf winkte ab. »Wozu brauche ich Geld, wenn ich etwas viel Besseres haben kann?« In seinen Augen begann es bedrohlich zu funkeln. »**Ich will Macht!** Und die hole ich mir nach und nach. Erst zwinge ich Dog City in die Knie, dann knöpfe ich mir Mümmel-Country vor, Catville, Ottertown ... Bis mir ganz Animalia zu Füßen liegt. Und dann ...« Er grinste höhnisch. »**Lasse ich mich zum König krönen.**«

»Witziger Plan«, sagte ich lässig. »Selbst ausgedacht? Oder aus Dober Mans Drehbuch geklaut?«

Wolfs Miene verfinsterte sich. »Vielleicht war es Zufall, dass er sich für seinen neuen Film fast die gleiche Geschichte ausgedacht hatte. Aber ich konnte einfach nicht riskieren, dass jemand auf die Idee kam, es könnte etwas Wahres dran sein. Deshalb ließ ich das Drehbuch stehlen und wollte Dober Man in den Abgrund stürzen lassen. Aber das wurde ja leider verhindert.«

Ich überging die letzte Bemerkung. »Und wo, wenn ich fragen darf, kriegen Sie die Energie für den Raketenstart her?«

»Meine Leute haben ein neues Verfahren entwickelt«, erwiderte Wolf stolz. **»Wir bündeln das Mondlicht mithilfe eines Diamanten ...«**

»Den Sie aus Miss Pudels Halsband geklaut haben.«

»Leider gab es ein technisches Problem ...«

»Weshalb Sie Professor Pinscher entführten.«

»Der sich weigerte, uns zu helfen ...«

»Deshalb haben Sie sich auch noch seine Tochter Laika geschnappt. Und wozu brauchten Sie **den geheimen Tunnel**, der vom *Protz-Palast* hierher führt?«

»Um die ganzen Geräte und Maschinen ranzuschaffen«, erklärte Wolf. »Über den belebten Marktplatz wäre das viel zu auffällig gewesen. Der *Protz-Palast* hingegen war ideal, denn Bellarotti war sowieso kaum zu Hause. Und nachdem wir seinen Diener geschmiert hatten, hatten wir freie Bahn.«

»**Ein ziemlich perfekter Plan**«, sagte ich.

Wolf nickte zufrieden. »So ist es.«

»Allerdings mit einer kleinen Schwachstelle.«

»Und die wäre?«

»Ich. Wissen Sie, was meine Oma immer sagt? ***Unterschätze niemals einen Mops.*** *Es könnte dein letzter Fehler sein.*« Ich fummelte mein Bell-O-Phon aus dem Fell und hielt es Wolf vor die Schnauze. »Meine Leute haben alles mitgehört. Und auf mein Bellen stürmen sie den Turm.« Ich kläffte drei Mal und die Tür wurde aufgestoßen. Dober Man, Terry R. und Cassius Claw stürmten herein, dicht gefolgt von Polizeichef Bark und den Kötern der Polizei von Dog City. Ich hatte sie am Nachmittag über meinen Plan informiert und sie hatten vor dem Turm auf das verabredete Zeichen gewartet.

Mit wütendem Gebell gingen sie auf Wolfs Leute los. *Der große Heuler* begriff, dass sein Plan kurz vor dem Scheitern war. Er hetzte die Stufen des Glockenturms hoch. Ich blieb ihm dicht auf den Fersen.

»**Das Spiel ist aus!**«, rief ich, als ich Wolf neben der Kapsel in die Enge getrieben hatte.

Laika beobachtete uns mit ängstlichem Gesicht durch die gläserne Hülle – der Schuft wollte sie **mit dem Raketenturm ins Weltall schießen**, um zu verhindern, dass dieser mit einer zweiten Rakete zerstört wurde.

Im selben Augenblick begann die große Turmuhr Mitternacht zu schlagen – höllisch laut.

»Der Mechanismus wird automatisch aktiviert«, brüllte Wolf. »**Beim letzten Glockenschlag startet die Rakete.** Hahaha, dann hab ich *gewonnen!*«

»*Wer sich Feinde macht, sollte sich nie in Sicherheit wiegen*«, bellte ich zurück. »*Denn hinterm Rücken könnte jemand stehen, der nur darauf wartet, dir eins überzuziehen.* Auch ein weiser Spruch von meiner Oma.«

»Und Sie glauben, ich falle auf einen so plumpen Trick herein und drehe mich um?«

Ein Schraubenschlüssel senkte sich auf seine Birne nieder und schickte ihn ins Reich der Träume. Ein Hund im weißen Kittel kam zum Vorschein. »Professor Pinscher!«

»**Wir müssen den Mechanismus abschalten**«, brüllte er mir entgegen. »Das geht nur zusammen!« Er zog mich zu einem Pult und erklärte mir, was ich zu tun hatte. Währenddessen schlug die Turmuhr zum zehnten Mal.

»Wir müssen gleichzeitig die beiden Schlüssel drehen«, sagte Pinscher gehetzt. »Sind Sie so weit?«

Ich nickte.

Der elfte Schlag.

»**Jetzt!**«, rief Pinscher und wir drehten die Schlüssel.

Der zwölfte Schlag ertönte. Dann wurde es still.

KAPITEL 12

»**Abgeschaltet!**« Professor Pinscher sank erleichtert auf den Boden. »Wir haben es geschafft!«

Wir befreiten Laika und diese fiel ihrem Vater schluchzend um den Hals.

Dann wollte ich Wolf Handschellen anlegen. Aber er lag nicht mehr an der Stelle, an der er in Ohnmacht gefallen war. Stattdessen sah ich gerade noch, **wie er aus einem der Fenster kletterte und in die Tiefe sprang**.

Ich hetzte hinterher und starrte nach unten. Ich befürchtete, dass Wolf am Boden zerschmettert war. Stattdessen entfalteten sich große Schwingen, die er unter seinem Kittel getragen haben musste, und ließen ihn in die Höhe schnellen.

»**Auf Nimmerwiedersehen**«, brüllte er und lachte mich aus. Dann flog er wie ein Vogel davon.

»Er ist uns entwischt«, sagte Pinscher enttäuscht.

»**Noch nicht ganz**«, gab ich zurück und stürzte mich ebenfalls aus dem Fenster. Ich hatte nämlich bemerkt, dass unten Terrys Wagen parkte, noch immer mit dem Netz über dem Dach. Ich landete in ihm, sprang hinter das Lenkrad und raste los. Durch halb Dog City folgte ich dem Schurken. Als er Richtung Nordwesten segelte, ahnte ich, wohin er wollte: nach Bell Air zu seiner Flughund-Anlage. Wahrscheinlich lagerte er dort wichtige Unterlagen und Geld für den Fall, dass sein Plan misslang.

Mit quietschenden Reifen kurvte ich die

Straße hoch. Als ich Wolfs Anlage erreichte, hockte er bereits im Katapult. In den Armen einen Koffer, auf dem Rücken seinen Gleitschirm. Die Pfote auf dem Startknopf.

»**Sie sind härter, als ich dachte, Wuffman**«, knurrte er anerkennend. »Nur leider nützt Ihnen das nichts. Denn ich katapultiere mich jetzt geradewegs in den Himmel. Und bevor irgendjemand herausfindet, wo ich lande, bin ich schon weg.« Seine Augen verengten sich zu schmalen Schlitzen. »Und dann denke ich mir einen neuen Plan aus, um Animalia in die Knie zu zwingen. Und dieses Mal beginne ich damit, Sie aus dem Weg zu räumen. **Ein für alle Mal!**«

»Das glaube ich nicht«, ertönte eine Stimme. Wolf fuhr herum. Hinter der Schleuder erschien der Kerl im grünen Anzug, von dem Cassius Claw gesprochen hatte.

»Netter Versuch«, sagte Wolf. »Nur leider

nutzlos. **Ich bin dann mal weg.**« Er betätigte den Hebel. Aber die Schleuder rührte sich nicht. Er versuchte es noch einmal. Ohne Erfolg.

»Da hat sich wohl jemand am Katapult zu schaffen gemacht«, zischte der Kerl im grünen Anzug. »**Das war's, Big Wolf!**«

»Niemals!« Wolf sprang aus der Schleuder und schnappte nach dem grün gekleideten Kerl. Der wich geschmeidig aus und versetzte

Wolf einen Doppeltritt mit den Hinterläufen. Die Dogge taumelte, ich zog ihr die Beine weg und Wolf ging rücklings zu Boden. Sofort packte der grüne Kerl seine Vorderbeine und legte ihm Pfotenschellen an, während ich mir an den Hinterbeinen des Schurken zu schaffen machte.

»**Lasst mich los**«, knurrte Wolf. Aber ich lachte nur und verständigte Polizeichef Bark.

Dann wollte ich mich bei dem Kerl im grünen Anzug bedanken. **Aber der war wie vom Erdboden verschluckt.** Und alles, was von ihm zurückblieb, war ein Pfotenabdruck im Staub.

Später, nachdem ich mich bei Terry, Claw und Dober Man bedankt hatte, fuhr ich zurück in mein Büro.

Chantal saß auf ihrem Stuhl und blätterte in Zeitschriften. »**Und? Fall gelöst?**«, fragte sie beiläufig.

Ich musterte sie scharf. »Was haben Sie eigentlich in Bellowood gemacht?«

»**Urlaub**«, gab Chantal zurück. »Das wissen Sie doch, Boss.«

»Das ist komisch«, entgegnete ich. »In Bellowood ist doch immer gutes Wetter. Und Ihr Fell ist gar nicht ausgebleicht. Obwohl Sie drei Wochen am Strand gelegen haben?«

Chantal ließ die Zeitschrift sinken. »Wer sagt denn, dass ich am Strand gelegen habe?«

»Was haben Sie denn sonst in der Filmmetropole gemacht? Vielleicht Anzüge gekauft? Was war noch mal Ihre Lieblingsfarbe? **Grün, oder?**«

Meine Sekretärin lächelte. »Ich weiß nicht, wovon Sie sprechen, Boss. **Ehrlich, ich habe keine Ahnung.**«

WUFF!

EPILOG

Meine Oma sagt immer: *Trau keinem Zwergpinscher! Der sieht zwar süß aus, hat es aber faustdick hinter den Ohren.* Lange wusste ich nicht, was sie damit meinte. Bis ich herausfand, dass mein Großvater ein Pinscher war.

Big Wolf und seine Leute wanderten **direkt nach Santa Wu**.

Der Glockenturm wurde in ein Museum umgewandelt, in das die jungen Hunde geführt wurden, um sie **vor den Gefahren des Schurkendaseins zu warnen**.

Ich selbst bekam vom Bürgermeister einen

Orden verliehen, den ich neben meine Auszeichnung im Wettsabbern hängte, die ich als Welpe gewonnen hatte. Außerdem bekam ich einen Scheck, den ich mit Terry und Mad Dog teilte. Chantal gewährte ich eine Gehaltserhöhung – die sie lächelnd entgegennahm.

Von dem, was übrig blieb, gönnte ich mir **einen neuen Korb:** aus geschmeidigem Holz und mit Satinkissen. Darin machte ich es mir bequem und wartete **auf den nächsten Fall**. Und der kam bestimmt …

Gailus, Christian:
Hot Dog – Ein Mops auf heißer Spur
ISBN 978 3 522 50816 2

Gesamtausstattung: Daniel Steudtner
Innentypografie und Satz: Tanja Haaf
Reproduktion: DIGIZWO GbR, Stuttgart
Druck und Bindung: GGP Media GmbH, Pößneck

FSC www.fsc.org MIX Papier | Fördert gute Waldnutzung FSC® C014496

Dieses Werk wurde vermittelt durch die Agentur Keil & Keil Literatur-Agentur GbR

Magische Begleiter auf vier Hufen

Judith Weber · Elena Cavion

Die Schule der Herzenspferde 1: Cosmo & Toni

144 Seiten · Hardcover
ISBN 978-3-522-50806-3

Einhörner? Drachenpferde? Die gibt es nur im Märchen, denkt Toni. Das ändert sich jedoch schlagartig, als sie auf die Kirschbaumschule wechselt. Denn dort gibt es sehr wohl magische Pferde! Und eines soll ihr magischer Begleiter werden. Toni ist sich sicher: Die schöne Schimmel-Stute Feder ist ihr Einhorn! Doch dann sorgt das trubelige Pony Cosmo dafür, dass Tonis Leben ganz schön durcheinandergewirbelt wird. Und plötzlich ist sich Toni nicht mehr sicher, welches Herzenspferd für sie bestimmt ist …

Lieblingsbücher fürs Leben.
www.thienemann.de

PLANET!

Das süßeste Ermittlerduo seit Tim und Struppi

Lucy Astner · Lisa Hänsch

Polly Schlottermotz: Polly & Adlerauge ermitteln

144 Seiten · Hardcover
ISBN 978-3-522-50797-4

Potzblitz, was ist denn das? Polly und Adlerauge staunen nicht schlecht, als sie einem kleinen Waschbären begegnen, der sich irrtümlich für einen Gänserich hält. Und dann bittet er Polly auch noch darum, ihm zu dabei helfen, fliegen zu lernen. Er möchte nämlich mit seiner „Familie“ in den Süden ziehen. Da ist Pollys und Adlerauges Ermittlerinstinkt geweckt – und der erste Fall für die beiden selbsternannten Detektive steht fest: Zusammen machen sie sich auf die Suche nach Elvis’ wahrer Familie. Und dabei erleben sie so manches tierisch-lustige Abenteuer. Ob sie es schaffen, den Fall zu lösen, bevor die Gänsefamilie abhebt?

Lieblingsbücher fürs Leben.
www.thienemann.de

PLANET!

Elsa Honig – das fantastischste Kindermädchen der Welt

Sabine Bohlmann · Joëlle Tourlonias

Frau Honig: Frau Honig und die Geheimnisse im Kirschbaum

144 Seiten · Hardcover
ISBN 978-3-522-50791-2

Kirschbaum steht auf Frau Honigs Zettel. Mehr nicht. Kein Weg, keine Allee, keine Straße – nur Kirschbaum. Doch dann stellt Frau Honig fest, dass da tatsächlich jemand wohnt. Die 9-jährige Emma. Sie ist von zu Hause ausgezogen. Jetzt wohnt sie im Kirschbaum im Garten. Daheim wurde zu viel gestritten. So zieht Frau Honig kurzerhand bei ihr ein. In den Ästen im zweiten Stock ist noch ein wenig Platz. Es dauert ein bisschen, bis Frau Honig das Vertrauen von Emma gewinnt. Und gemeinsam überlegen sie, was man alles mit streitenden Eltern machen könnte. Und Frau Honig wäre nicht Frau Honig, wenn sie nicht eine ganze Menge Ideen hätte.